Stefanie Christ

Helene Roth und die Frauen vom «Kreuz» Herzogenbuchsee

Stefanie Christ

Helene Roth und die Frauen vom «Kreuz» Herzogenbuchsee

Stämpfli Verlag

Inhalt

7 Künstlerinnen im Schatten

9 Leben und Wirken von Helene «Leni» Ida Roth

23 Der Saffa-Bilderzyklus von 1928

29 Die Geschichte des Frauenvereins und vom «Kreuz» Herzogenbuchsee in 16 Bildern

63 Zurück ins «Kreuz»

65 Lebensdaten

66 Die Autorin und Dank

Anhang
70 Quellen
73 Archive
75 Anmerkungen

Künstlerinnen im Schatten

Die Menschheitsgeschichte war und ist immer noch zu grossen Teilen durch den männlichen Blick auf die entsprechenden Protagonisten geprägt. Zahlreiche Stiftungen, Archive, Institutionen, Vereine und Privatpersonen widmen sich darum seit Jahren der (Wieder-)Entdeckung engagierter Frauen in allen Bereichen, auch in der Kunst. Nachlassverwaltungen und Galerien nehmen Œuvres von bildenden Künstlerinnen auf – Werkbestände, die sonst von Nachfahren unsachgemäss gelagert oder aufgrund von Platzmangel gar vernichtet worden wären. Namhafte Museen setzen nicht länger nur auf berühmte Künstlernamen, sondern richten den Fokus regelmässig auch auf Künstlerinnen, die zeitlebens im Schatten der Männer gestanden sind. Die US-Expressionistin Lee Krasner (1908–1984), die libanesische Malerin Etel Adnan (1925–2021) oder die Berner Impressionistin Martha Stettler (1870–1945) erfahren dadurch heute eine öffentliche Wahrnehmung und Wertschätzung, die ihnen lange oder zeitlebens verwehrt geblieben ist.

Erstaunlich ist, dass sich viele dieser Künstlerinnen zumindest zeitweise auf dem Kunstmarkt behaupten konnten – ehe sie auf einmal in Vergessenheit geraten sind. Auch die Künstlerin Helene Ida Roth aus Wangen an der Aare war während ihrer Künstlerinnenkarriere national und international in mehr als 70 Ausstellungen vertreten.[1] Ein Problem liegt im mangelnden Interesse, Werke von Künstlerinnen zu bewahren. So ist Helene Roth nur mit wenigen Werken in öffentlichen Sammlungen wie jenen des Kunstmuseums Bern oder des Kunsthauses Zürich vertreten, der Grossteil der Werke befindet sich in Privatbesitz.[2]

Wenn Helene Roth irgendwo erwähnt wurde oder wird, haftet ihr stets das Prädikat «eine Schülerin von Amiet» an. 1928 war sie im Kunstmuseum Bern in der Ausstellung «Cuno Amiet + seine Schüler» mit vier Ölgemälden beteiligt: «Knabenbildnis»

(1916), «Blühendes Bäumchen» (1920), «Damenbildnis» (1921) und «Frauenkopf» (1923).[3] Im SIKART Lexikon zur Kunst in der Schweiz steht in Helene Roths Biografiezeile kurz und knapp: «Malerin. 1905-07 Schülerin von Cuno Amiet auf der Oschwand. Porträt, Landschaft und Stillleben».[4] Auch im Auktionskatalog der Galerie Fischer im Jahr 2009 ist zu einer Gouache von Helene Roth einzig vermerkt: «Ida Helene Roth war Schülerin von Amiet auf Oschwand.»[5] Ihre Karriere stand und steht im Schatten des berühmten Lehrers und Mentors.

Dass Cuno Amiet einen grossen Einfluss auf ihr Schaffen hatte, ist unbestritten – und formal auf zahlreichen Bildern deutlich erkennbar. Und doch hat es Helene Roth geschafft, eine eigenständige Bildsprache durchzusetzen – allem voran im Bilderzyklus, den sie 1928 für die erste Schweizerische Ausstellung für Frauenarbeit Saffa geschaffen hat und der das Wirken der Frauenrechtspionierinnen rund um Amélie Moser-Moser im «Kreuz» Herzogenbuchsee thematisiert.

Die vorliegende Publikation rückt die künstlerische und inhaltliche Bedeutung dieser 16-teiligen Gemäldeserie ins Zentrum und ruft das Leben einer eigenwilligen Künstlerin in Erinnerung, die allen Widrigkeiten zum Trotz eine Laufbahn als Malerin verfolgt hat.

Leben und Wirken von Helene «Leni» Ida Roth

«Alte Leute unseres Städtchens kannten noch den Ampelifax, ein mittelgrosses Mannli, dem der Wind einen weiten, verschlissenen Morgenrock um die hageren Beine wehte, wenn er drunten bei der Aarebrücke seine Angel in das Aarewasser warf. (...) Ein anderes originelles Mannli, ebenfalls aus dem Geschlecht der Schorer, wie der Ampelifax, war der Jakob Schorer. Ich habe ihn noch nach dem Leben gezeichnet. ‹Turmjoggeli› wurde er genannt (...).»[6] Im Beitrag «Zwei originale Gestalten aus Wangen» beschreibt die Künstlerin Helene Roth 1962 zwei Stadtoriginale ihres Heimatorts Wangen an der Aare. Sie selbst gilt als Stadtoriginal, als eines, das selten ohne den charakteristischen Strohhut gesehen wird. Die Kopfbedeckung ist, neben der weissen Malschürze, ein solch prägnantes Markenzeichen der Künstlerin, dass der Strohhut 2016 im Rahmen einer kleinen Retrospektive im Städtli-Museum Wangen zusammen mit Gemälden und Zeichnungen Helene Roths ausgestellt wird.[7]

Wenn man Helene Roths Selbstbildnis in Öl von 1914 betrachtet, kann man sich gut vorstellen, wie die dunkelgrünen, aufmerksamen Augen unter dem Strohhut hervorblicken und sich nach Sujets umschauen. Das Kinn streckt die damals 27-jährige Künstlerin auf dem Gemälde keck nach vorn. Die schwarzen, krausen Haare hat sie zusammengebunden, doch einige lose Strähnen flattern im Wind. Die Wangen sind von einem intensiven Rosa, fast Rot, als wäre Helene Roth für das Porträt herbeigerannt. Die Künstlerin stellt sich mit einer für die damalige Zeit untypischen Selbstverständlichkeit als selbstbewusste, eigenwillige Frau dar. Das Porträt verdeutlicht: Helene Roth ist eine temperamentvolle Frau mit Tatendrang, die ihren eigenen Weg geht.

So wird sie auch von ihren Verwandten und Freundinnen beschrieben, die sie liebevoll Leni nennen. Als «temperamentvoll», «mütterlich», «unabhängig», «humorvoll», «hilfsbereit» und immer wieder als äusserst «fantasievoll».[8] Die Fantasie zeigt sich nicht nur beim Malen. Helene Roth schreibt für Familienanlässe wie Hochzeiten oder runde Geburtstage kleine Theaterstücke. Den Nichten und Neffen erzählt die selbst kinderlose Künstlerin eigene Märchen. Gerne verkleidet sie sich auch, um jemandem einen Streich zu spielen. Dabei schlüpft sie immer wieder in neue Rollen. Eine davon, jene des Ritters Knausebeck von Pfefferdreck, führt zu weiteren Kosenamen wie «Knäuschen», «Tante Knaus» oder «Knause», wie sich ihre Nichte Ruth Jegher-Pfenninger erinnert.[9]

Ausbildung für «höhere Töchter»

Helene Ida Roth wird am 12. August 1887 in Wangen an der Aare im Kanton Bern geboren. Sie ist das erste Kind ihrer Mutter Ida Roth-Walther und das neunte ihres Vaters Jakob Adolf Roth, der in erster Ehe mit Idas Schwester Bertha Walther verheiratet war, die früh starb. 1889 kommt Helenes Bruder Walter zur Welt. Zusammen werden sie von den Eltern liebevoll die «Kleinen»[10] genannt – in Anspielung auf die acht älteren Halbgeschwister. Die familienorientierte Ingenieur-, Politiker- und Akademikerfamilie ist gut situiert: Ende der 1870er-Jahre hat Jakob Adolf Roth, späterer Nationalrat und Gemeindepräsident Wangens, zusammen mit seinem Bruder die Rosshaarspinnerei des Vaters übernommen, die Firma Jakob Roth & Cie., in der Bürsten, Pinsel und Matratzen hergestellt werden.[11] Die Familie Roth-Walther ist, wie Helene Roth später in ihren Familienchroniken schreibt, geprägt durch zwei Talente: «die Ingenieurbegabung aus der Familie Roth und das Künstlerische aus dem Hause Walther».[12]

Über Helenes Kinderbett im Wangener Herrschaftshaus der Familie, im sogenannten «Stock», prangt ein Bild des Rettungshunds Barry, des berühmten Bernhardiners vom Grossen St. Bernhard,[13] der in ihrem Leben eine zentrale Rolle spielt. Es ist eine

Helene Roth, Selbstbildnis, 1914

wohlbehütete Kindheit, die 1893 jedoch einen massiven Einschnitt erlebt: Im Alter von 58 Jahren stirbt der Vater Jakob Adolf. Für die «Kleinen» werden neben der Mutter und den älteren Halbgeschwistern weitere Verwandte zu wichtigen Bezugspersonen. Vor allem ihr Onkel, die Schwester Bertha, die musikalisch begabt und an Kunst interessiert ist, sowie der Cousin und spätere Bildhauer Max Sommer sorgen für kulturelle Anregungen innerhalb der Familie.[14] Doch obwohl alle von Helenes künstlerischem Talent überzeugt sind, denkt sie selbst damals noch nicht daran, die Malerei zum Beruf zu machen, wie sich ihre Schulfreundin Margot Masson-Ruffy erinnert.[15] Helene Roth setzt ihre Ausbildung in der Oberklasse der Neuen Mädchenschule Bern fort, wo sie ab 1903 unter anderem in Kunstgeschichte und Zeichnen unterrichtet wird, und lebt während dieser Zeit bei ihrer Tante Marie Walther an der Marienstrasse im Berner Kirchenfeldquartier. Besonders der Unterricht bei der progressiven Dozentin Eugénie Dutoit, die sich für die Emanzipation engagiert, prägt Helene Roth nachhaltig.[16] Daneben nimmt sie Zeichenunterricht mit Schwerpunkt Porträtmalerei beim Aargauer Künstler Ernst Link.[17]

Danach besucht Helene «Leni» Roth die Ecole supérieure in Morges, wo sie vertieft Französisch lernt – wie es sich damals für Töchter aus gutem Hause gehört. Es gefällt ihr in der kulturreichen Stadt zwischen Dichtern, Malern und Musikern, und sie fühlt sich «frei und glücklich», wie sie ihrer Freundin Margot Masson-Ruffy berichtet.[18] Sie lebt in der Pension Stump, wie schon ihre Mutter Ida vor ihr, und geniesst den Unterricht in Geschichte und Literatur. Sie beschäftigt sich mit den Klassikern der Literatur, von Sophokles bis Shakespeare, doch prägend sind vor allem die Lektionen bei Louise Sécretan, der Tochter des Lausanner Philosophen Charles Sécretan. Auch sie vertritt feministische Positionen und sensibilisiert ihre Schülerinnen entsprechend, wie sich Helene Roth später in ihren Schriften erinnert.[19] Und die Künstlerin erlebt während dieses Aufenthalts Einschneidendes: «Eines ihrer tiefsten und schönsten Erlebnisse war die Schulreise über den Grossen St. Bernhard unter der Führung der originellen Pensionsvorsteherin, Mademoiselle

Stump. So bleibend und stark war der Eindruck, dass sie nie mehr davon losgekommen ist und es sie immer wieder in die Gegend zog.»[20] Später hält sie diese Landschaft auch immer wieder auf Leinwand fest.

Ab 1903 steht die Familie Roth in Kontakt mit dem Künstler Cuno Amiet, da sich Helene Roths Onkel Alfred Roth 1903 von diesem porträtieren lässt.[21] Als sich Helene Roth 1905 schliesslich für den Malunterricht bei Cuno Amiet anmeldet, fällt auf der Oschwand bald ihr Talent auf, und Amiet rät Helene, «zu sich selbst als Künstlerin Vertrauen zu haben und darauf [auf eine Künstlerinnenkarriere] hinzuarbeiten»[22].

Naturstudium auf der Oschwand

Nachdem Cuno Amiet Ende des 19. Jahrhunderts von Weiterbildungen in Frankreich zurück in seine Heimatstadt Solothurn gekehrt ist, lebt er bei seinem Vater. Auf dem Dachboden des Hauses am Friedhofplatz richtet er ein Atelier ein,[23] in dem er fortan auch unterrichtet und einen «Malkurs für Damen» anbietet.[24] Der Künstler verdient dabei fünf Franken pro Lektion.[25] Den Unterricht in Solothurn führt er auch weiter, als er nach Hellsau und schliesslich auf die Oschwand zieht. Ab 1905 besitzt er dort ein Atelier, in das er seine Malschülerinnen am Samstagmorgen einlädt. Später, nach dem Hausbau der Familie Amiet im Jahr 1908, wird das prächtige Bauernhaus mit angrenzendem Atelier und grossem Umschwung Zentrum von Amiets Lehrtätigkeit.[26] Helene Roth beschreibt den Eingang folgendermassen: «Im Vorraum zum grossen Atelier, in das Amiet die Scheune eines Bauernhauses umwandelte, hängt ein graues Pferd, von Buchser gemalt, das bei aller Realität das besondere Wesen des Pferdes, das Edle, Nervige ausdrückt. (...) In jenem Vorraum hängt auch ein selten schön beseelter Frauenkopf von Anker neben einigen französischen Meistern. Das ist die Welt, von welcher der junge Amiet ausgegangen und deren Kultur ihm nie verloren gegangen ist, die Welt, die seinen Willen geformt, seine Symbole geläutert, seine saubere Technik und gewissenhafte Arbeitsweise bestimmt hat.»[27]

Die Anwesenheit der Malschülerinnen nutzt Cuno Amiet auch für sein eigenes Schaffen. So stehen ihm nebst seiner Frau auch Schülerinnen Modell, zum Beispiel für das Triptychon «Drei Frauen im Garten» von 1903.[28] Ein anderes Mal macht der Künstler den Unterricht selbst zum Sujet, so im Gemälde «Malerinnen im Garten auf der Oschwand» von 1910. Fotografien aus dem Nachlass Cuno Amiets zeigen das Ehepaar Amiet umgeben von Malschülerinnen im üppigen Garten, der unter anderem dem Naturstudium diente. Helene Roth zitiert ihren Lehrer diesbezüglich in ihrer Schrift «Begegnungen in Herzogenbuchsee»: «Hören wir denn also Cuno Amiets Gedanken über die Kunst, wie er sie uns gegenüber in jenen ersten Jahren äusserte: ‹Man kann nicht genug der Natur ablauschen, doch soll man sie nicht bloss schablonenhaft abzeichnen, sondern seinen eigenen Willen hineinlegen; man wird so viel phantasievollere Sachen machen, als wenn man nur aus seiner eigenen Phantasie heraus malen würde. In der Natur findet man die wunderbarsten Sachen und Ideen. Man darf nie nachsichtig gegen sich selber sein, sondern unbarmherzig und nie undezidiert. Was man mit einer Farbe herausbringen kann, ist besser, als wenn man diese Farbe in mehreren zusammengesetzten sucht.›»[29] Helene Roth schafft farbintensive Landschaften jener Umgebung, die sie so schätzt, und übt sich in der Porträtmalerei. Den beiden Gattungen wird sie ein Leben lang treu bleiben.

Künstlerinnenkarrieren trotz aller Widrigkeiten

Doch was bedeutet es eigentlich, sich als Frau Anfang 20. Jahrhundert für eine Laufbahn als Künstlerin zu entscheiden? Die Ausgangslage ist wenig vielversprechend: Künstlerinnen sind in Sammlungen, Ausstellungen und Publikationen signifikant untervertreten. Noch immer ist die Frau beziehungsweise ihr Körper in der Kunstgeschichte vor allem eines: Sujet. Angehenden Künstlerinnen ist der Zugang zu den wichtigen Kunstakademien entweder untersagt oder zumindest erschwert. So erhalten sie auch kaum Zugang zu den renommierten, karrierefördernden

Salon-Ausstellungen.[30] Und selbst jene Künstlerinnen, die eine fundierte Ausbildung geniessen können, haben gegenüber ihren männlichen Kollegen Nachteile. So sind Frauen vielerorts nicht zugelassen zum Aktstudium – zu einem wichtigen Ausbildungselement, um die Darstellung von Menschenkörpern zu studieren.

Es ist jene Zeit, in welcher der vielgeachtete Schweizer Künstler Ferdinand Hodler sagt: «Mir wei kener Wyber!»[31] Hodler präsidiert die 1865/66 gegründete Gesellschaft Schweizerischer Maler, Bildhauer und Architekten GSMBA[32] zu Beginn des neuen Jahrhunderts und kämpft in seiner Funktion aktiv gegen die Aufnahme von Künstlerinnen. Als Gegenreaktion rufen 1902 Westschweizer Künstlerinnen die Gesellschaft Schweizerischer Malerinnen und Bildhauerinnen GSMB[33] ins Leben. Bald kommen weitere Sektionen hinzu, etwa jene von Bern im Jahr 1909, und die Gesellschaft wird um die «Kunsthandwerkerinnen» ergänzt und heisst fortan GSMBK.

«Es ist schwirig zu sagen, wie viele Schweizerinnen sich als Künstlerinnen betätigen», schreibt die Alliance nationale des sociétés féminines suisse ASF, heute bekannt als Alliance F, im Jahr 1929 in einem Artikel. «Sie sind zahlreich, vielleicht sogar zahlreicher als die Künstler. Aber weil der Beruf schlecht bezahlt ist und man damit keine Familie ernähren kann, wird er oft von alleinstehenden Frauen ausgeübt.»[34] Dies trifft auch auf die Berner Künstlerin Martha Stettler (1870–1945) zu, eine Mitbegründerin der Berner Sektion der GSMBK. Wie viele Künstlerinnen zu jener Zeit stammt auch sie aus einer gut situierten Familie. Gegen die Widrigkeiten der Zeit verfolgt sie ihre Karriere und unterstützt andere Frauen, die es ihr gleichtun wollen – wie Helene Roth.

Bernerinnen an Pariser Akademien

Nach ihrem Unterricht bei Amiet zieht es Helene Roth ins Ausland. Um fremde Lebensarten kennen zu lernen, reist sie im Jahr 1907 zunächst zu einer Familie nach England. «Diese Zeit war ohne besonderen Einfluss auf ihre Entwicklung», steht dazu kurz und knapp in Helene Roths Familienchronik.[35] Von 1908 bis 1909[36] besucht sie in Paris die Académie Ranson sowie die Académie de la Grande Cahumière, wo sie auf zwei Künstlerfreundinnen von der Oschwand trifft, Hanni Bay (1885–1978) und Hannah Egger (1881–1965). Mit Letzterer teilt sie sich ein Zimmer in einer Pension.[37]

An der Académie Ranson unterrichtet unter anderem der Schweizer Künstler Felix Vallotton. In einem Brief schreibt Helene Roth ihrem Freund und Lehrer Cuno Amiet im Dezember 1908, dass sie den Unterricht geniesse und sich nach Lektionen von Vallotton weiter auf das Malen von Konturen konzentrieren werde[38] – ein Stilmittel, das bei späteren Bildern charakterisierend sein wird (S. 31 ff.). Während Hanni Bay und Hannah Egger sich der Malerei widmen, fokussierte Helene Roth auf die Zeichnung. «Nach dem Mittagessen malen wir 3 Bernerinnen manchmal gemeinsam in H. Eggers Zimmer. Öfter gehen aber H. Egger und ich skizzieren an die Seine, oder wenn es hell genug ist, in ein Museum.»[39]

An der Académie de la Grande Cahumière belegen die Bernerinnen einen Aktkurs. Die Akademie ist aus einem von Martha Stettler (1870–1945) mitbegründeten Malzirkel hervorgegangen, die Gründung ist auf das Jahr 1902 datiert. Ab 1909 leitet Stettler zusammen mit ihrer Lebenspartnerin, der Künstlerin Alice Dannenberg (1861–1948), die Institution im Pariser Montparnasse-Quartier. Gerade für Künstlerinnen und Künstler, die zu Ausbildungszwecken nur wenige Monate in die Seine-Stadt ziehen, sind solche jungen, innovativen Kunstakademien eine beliebte Alternative zu dogmatischen Traditionsinstitutionen wie der Ecole des Beaux-Arts mit ihren hohen Aufnahmehürden. Auch der flexible, individuell gestaltbare Unterrichtsplan kommt ausländischen Kunstschaffenden entgegen. Trotz dieser Vorzüge schreibt Helene Roth an ihren Mentor Cuno Amiet: «Bis jetzt gingen wir an die Grande Cahumière, doch gefällt es uns dort gar nicht.»[40]

Neben der Kunst, der Helene Roth auch in Paris sehr pflichtbewusst nachgeht, kommt das Vergnügen nicht zu kurz. Die drei

Bernerinnen verkehren oft zusammen, besuchen Museen und Aufführungen und kommen nicht selten erst im Morgengrauen zurück in die Pension. Mit einem Augenzwinkern schreibt sie Cuno Amiet: «Hannah Egger wird die Vergnügungswoche beschreiben, es ist besser so. Würde ich es tun, so könnte man am Ende denken, ich ginge in dem Ganzen auf. Fräulein Egger traut man ja überall und mit Recht so viel Ehrbarkeit zu, dass man es nicht übelnehmen kann; es wird auch aus ihrem Munde viel ehrbarer tönen.»[41]

1909 kehren Helene Roth und ihre Freundin Hannah Egger nach nur einem Semester wieder aus Paris zurück in die Schweiz, wo Helene Roth ihren Abschluss als Bezirkszeichenlehrerin macht – ein Beruf, den sie nie ausüben wird. Die Familie Roth wünscht sich eine akademischere Ausbildung für Helene, worauf diese 1910 nach München aufbricht, um unter anderem Kunstkurse bei Heinrich Knirr und Wilhelm von Debschitz zu belegen.[42] Aus Briefen an ihren Mentor Cuno Amiet geht hervor, dass Helene Roth das Unterrichtshandwerk ihrer Lehrer äusserst kritisch analysiert: «Bei Knirr zeichnete ich Akt und habe vielleicht durch Uebung etwas gelernt, an der Korrektur und an der Umgebung hatte man nichts. (…) Der Abendakt hörte fast überall auf nach Ostern, so ging ich zu Debschitz. Nur, ohne seine Art als die Richtige anzuschauen muss ich doch sagen, dass dort sehr ernsthaft gearbeitet wird.»[43]

Eine Künstlerinnenkarriere im Oberaargau

Der professionelle Anspruch von Helene Roth an ihre Künstlerinnenkarriere zeigt sich nicht nur in ihrem Arbeitseifer und den internationalen Weiterbildungen. Sie lebt am Puls des künstlerischen Schaffens und sucht den Austausch mit Gegenwartskünstlerinnen und -künstlern. In ihrer Korrespondenz berichtet sie von nachhaltigen Begegnungen mit Ernst Kreidolf oder Ausstellungsbesuchen bei Paul Klee.[44] Im individuellen Kunststudium beschäftigt sie sich ferner mit Paul Cézanne, Rembrandt, Giovanni Giacometti oder Vincent van Gogh, von dessen Kinderporträts sie fasziniert ist.[45] Im Ausland besucht sie Ausstellungen in den renommiertesten Museen wie dem Louvre in Paris, den Uffizien in Florenz oder der Pinakothek in München. Zudem arbeitet sie selbst auf Ausstellungen hin und scheibt Cuno Amiet beispielsweise vom Wunsch, 1909 an der Jahresausstellung Berner Kunstschaffender im Kunstmuseum Bern teilzunehmen. Es wird eine der ersten von rund 70 Ausstellungen, in denen Helene Roth während ihrer Karriere vertreten ist.[46]

Im Jahr 1918 erhält Helene Roth zum ersten Mal das Eidgenössische Kunststipendium, 1936 wird sie ein zweites Mal ausgezeichnet. Als professionelle Künstlerin, noch dazu auf dem Land, nimmt sie immer wieder eine Pionierrolle ein, sie engagiert sich auch aktiv für Frauenrechte. Dies wird unter anderem im Bilderzyklus sichtbar, den sie 1928 für die erste Schweizerische Ausstellung für Frauenarbeit Saffa erstellt und der die Frauenrechtlerinnen rund um das «Kreuz» Herzogenbuchsee ins Zentrum rückt. Ab 1937 betreibt die Künstlerin im Familienanwesen «Stock» in Wangen ihr eigenes Atelier, das sie über eine steile Treppe erreicht.

Natürlich zieht in der damaligen Zeit eine unverheiratete, kinderlose Frau mit feministischer Haltung mitunter argwöhnische Blicke im Städtchen auf sich. Halt geben ihr unter anderem die Freundschaften mit den Künstlerinnen Hanni Bay und Hannah Egger, Mitbegründerin der Berner Sektion der GSMB[47], über die Roth schreibt: «Fräulein Egger und ich haben es furchtbar heimelig zusammen. Ich habe sie sehr lieb bekommen, und sie tut mir gut und spornt einem an.»[48] Im Gegensatz zu Helene Roth unterrichtet Hannah Egger parallel zu ihrer künstlerischen Tätigkeit. «H. Egger hat nun 30 Stunden per Woche zu geben, 26 an der Städt. Mädchensekundarschule», schreibt Helene Roth ihrem Mentor Amiet. «Befriedigt es sie auch nicht ganz, so ist es ihr glaube ich doch eine Genugtuung selbständig sein zu können.»[49] Wirtschaftliche Unabhängigkeit ist für ledige Künstlerinnen ein existenzielles Thema, und je nachdem, wie gut die Familie situiert ist oder die Künstlerin unterstützt, ist mehr oder weniger Nebenarbeit nötig. Egger betätigt sich auch als

Buchillustratorin, beispielsweise für Emmy Langs «Aus Bethlis Kinderzeit» (1928) oder Hedwig Kassers «Die weissen Mäuse» (1935). Helene Roth tut es ihr gleich und sorgt mit Illustrationsarbeiten und Postkarten, aber auch mit grösseren Malaufträgen wie etwa 1939 einem Wandgemälde im Zofingerhaus Bern für ein Zusatzeinkommen. Das Bild sorgt innerhalb der Zofingervereins für Aufruhr, da Helene Roth statt Symbolfiguren reale Personen aus dem Umfeld des Vereins porträtiert. Nachdem der Vorstand über eine Änderung diskutiert hat, wird beschlossen, das Bild zu belassen. Aus dem entsprechenden Sitzungsprotokoll geht hervor, dass Helene Roth im Umgang auch eine schwierige Zeitgenossin sein kann. Bei der «impulsiven Art von Fräulein Roth» sei zu erwarten, «dass sie ein solches Ansinnen mit der Beseitigung des ganzen Bildes beantworten würde».[50] Finanziell unabhängig von der Familie wird Helene Roth durch ihre Auftragsarbeiten nicht.

In den Dreissiger- und Vierzigerjahren ist sie rege an Ausstellungen beteiligt, etwa an den traditionsreichen Weihnachtsausstellungen der Kunsthalle Bern oder den Ausstellungen der GSMBK. Einige öffentliche Sammlungen erwerben Bilder von Helene Roth – doch der grosse Durchbruch bleibt ihr verwehrt. Dies liegt nicht zuletzt an ihrem Selbstverständnis, sich stets für die Familie zu engagieren – und an ihren Selbstzweifeln. Nach Ausbruch des Ersten Weltkriegs schreibt sie: «Wie unnütz kam mir nun auf einmal das Malweib vor. Durch die Photographie hatte mein bescheidenes Talent des Abmalens, wie mir schien, den goldenen Boden des Handwerks überhaupt verloren. Vielleicht dachte Herr Amiet zu gut von mir, wenn er glaubte, ich könne mich als Malerin durchsetzen. Er dachte wohl auch zu wenig daran, dass jedes weibliche Wesen einen angeborenen Beruf hat: die mütterliche Aufgabe, anderen zu helfen und sich selber zu vergessen; ein Trieb, der sich aus nutzlosen Träumereien heraus bewusst klären und entwickeln muss.»[51] Immer wieder unterbricht Helene Roth ihre künstlerische Tätigkeit, um in der Familie zu helfen. So pflegt sie ihre Mutter Ida Roth-Walther bis zu deren Tod im Jahr 1933. Später ist sie eine hingebungsvolle Gotte.

Helene Roth bleibt als Malerin aktiv, solange es ihre Gesundheit zulässt. Sie erstellt Gemälde und Aquarelle der Oberaargauer Landschaft, porträtiert deren Menschen und wird für ihre Werke geschätzt. Das misst sich auch daran, dass die Aufträge nicht abreissen. So schreibt sie 1958 in einem Brief an die Schweizer Psychoanalytikerin Franziska Baumgarten-Tramer: «Dieser Tage erhielt ich den Auftrag für die Kirchgemeinde Wangen als Geschenk für das neue Kirchgemeindehaus in Herzogenbuchsee ein schönes Bild zu malen.»[52]

Helene Roth ist ein ausgeprägter Morgenmensch, und bis ins hohe Alter bricht das Energiebündel gern früh mit seiner Staffelei auf, wandert über die taufrischen Wiesen und sucht in feuchten Kornfeldern nach Sujets. Diese Routine führt zu einer Erkrankung an Gicht, welche die Künstlerin allerdings lange herunterspielt. Sie nimmt erst Pflege in Anspruch, als das Leiden schon weit fortgeschritten ist – unter anderem von ihrer Freundin Hannah Egger. Doch auch dann malt sie weiter, wenn auch unter grossen Schmerzen.[53]

Die späte Schriftstellerei

Immer häufiger greift sie im fortgeschrittenen Alter nebst dem Pinsel auch zur Feder und arbeitet an ihren zwei wichtigsten Schriftwerken: an einem Buch über den ihr so wichtigen Grossen St. Bernhard und an einer Familienchronik. Liebevoll und detailreich schreibt sie über ihre Verwandten: «Er [Hermann Adolf] war ein aufgeweckter Knabe. Als Kind schon soll er hell aufgejauchzt haben, wenn Kalbeli bei ihm vorbeizogen.»[54] Doch sie geht durchaus auch kritisch mit ihrer Familiengeschichte um. Im November 1958 schreibt sie Franziska Baumgarten-Tramer von ihrer Arbeit an der Chronik und dass ihre Familie nicht verschont sei von «Geldhochmut, Familienhochmut, Bildungshochmut».[55] In der Chronik stellt sie diese Gegensätze in schönen Wortbildern einander gegenüber: «Tugenden, die in unserer Familie vorkommen konnten (...), sind Aufrichtigkeit, Treue und Arbeitsamkeit. Sie leuchten wie die drei Rosen in unserem bäurischen

Wappen aus dem Gestrüpp von mancherlei Fehlern freundlich heraus.»[56] Wie auch ihre Publikation «Vom Grossen St. Bernhard. Diesseits und jenseits des ältesten Alpenüberganges» wird die Familienchronik erst 1968 posthum erscheinen.

In den letzten Lebensmonaten ist Helene Roth bettlägerig und kaum mehr fähig zu sprechen. Auf ihrem Sterbebett begleitet sie, wie schon in Kindertagen, ein «Barry». Ihre Freundin Margot Masson-Ruffy erinnert sich: «(...) da leistete ihr der alte braun-weisse, liebe Barryhund meiner Buben treue Gesellschaft.»[57] Helene Ida «Leni» Roth verstirbt am 31. Dezember 1966 im Alter von 79 Jahren. Vier Tage später wird sie in Wangen an der Aare beigesetzt. Auf ihrem Grab schlägt ein Rosenstock Wurzeln.[58]

Aufkleber auf der Rückseite der Saffa-Bilder
Bild: Stefanie Christ

Der Saffa-Bilderzyklus von 1928

Wer das «Kreuz» in Herzogenbuchsee durch den Haupteingang betritt, trifft im Eingangsbereich auf eine Restaurantszene in Öl (S. 49). Männer und Frauen sitzen an den Tischen, ein junger Mann spielt in der Raummitte Gitarre, während eine beschürzte Frau hinter der Theke steht. Dargestellt ist die in ihren Anfängen noch alkoholfreie Gaststube vom «Kreuz», die auf der anderen Seite der Wand liegt. Die Geschichte des Werks beginnt 1928.

In diesem Jahr findet in Bern die erste Schweizerische Ausstellung für Frauenarbeit Saffa statt. Organisiert haben sie der Bund Schweizerischer Frauenvereine BSF, der Schweizerische Frauengewerbeverband, der Schweizerische Katholische Frauenbund SKF sowie 28 weitere Vereine. Thematisiert wird die Frauenarbeit in allen wirtschaftlichen, gesellschaftlichen und sozialen Lebensbereichen. Auch die Kultur ist ein wichtiger Bestandteil der Saffa: 5600 Darbietungen stehen auf dem Programm, dazu gehören Konzerte des Saffa-Orchesters, in dem alles Musikerinnen spielen. Das eigens für den Anlass geschriebene Saffa-Theater wird aufgeführt, Saffa-Gedichte werden vorgetragen, der Saffa-Walzer gespielt.[59]

Mit der künstlerischen Ausgestaltung der ersten Saffa wird die Sektion Bern der Gesellschaft Schweizer Malerinnen, Bildhauerinnen und Kunstgewerblerinnen GSMBK beauftragt – jene regionale Sektion, die 1909 von der Berner Impressionistin Martha Stettler und neun weiteren Künstlerinnen gegründet wurde. Die Sparten Malerei und Plastik betreuen die GSMBK-Künstlerinnen Dora Lauterburg und Elisabeth Stamm, die Sektionspräsidentin Sophie Hauser zeichnet verantwortlich für die Sparte Kunstgewerbe. Insgesamt reicht die GSMBK für den Saffa-Pavillon in der Mitte des Ausstellungsgeländes auf dem Berner Viererfeld

832 Bilder, 77 Plastiken und 1500 kunstgewerbliche Arbeiten von 54 Künstlerinnen aus drei Jahrhunderten ein[60] – darunter auch einen Bilderzyklus von Helene Roth, der während der Saffa in der Teilausstellung «Soziale Arbeit» zu sehen ist.

Dass der Frauenverein Herzogenbuchsee die Künstlerin Helene Roth aus Wangen an der Aare für einen Saffa-Auftrag engagiert, wird an der Hauptversammlung am 15. März 1927 beschlossen: «Der Frauenverein wird nicht ein einzelnes Gebiet, wie Handarbeiten oder Hauswirtschaft, sondern eine Entwicklung, eine Idee in Bildern darstellen, die zielbewusste Arbeit des Vereins im Sinne des Motto's seiner Statuten. Wir werden somit die Entwicklung vom Almosengeben zur Erzieherarbeit in 19 Bildern, die nachher im Treppenhaus des Kreuz angebracht werden können, zur Darstellung bringen.»[61]

Im Frühling des Saffa-Jahres 1928 bittet «Kreuz»-Leiterin Amy Moser Helene Roth, in die Haushaltungsschule zu kommen, «um für die erste Frauenausstellung in Bern einige Taten aus dem Leben ihrer Mutter in Bildern festzuhalten. Frl. Moser liess mir dabei eine herrliche Freiheit. Unwillkürlich aber kam ich in den Rhythmus des ‹Kreuz›, in jene schaffige Atmosphäre, und malte von Sonnenaufgang bis Sonnenuntergang. Um Modelle brauchte mir nicht bange zu sein. Die Schülerinnen wollten gemalt sein, auch die Lehrerinnen waren nicht abgeneigt zu sitzen, und wo ich bei einzelnen, Respekt gebietenden Gestalten schüchtern anfragte, erhielt ich gewöhnlich eine lachende Zusage.»[62] Auch der Frauenverein freut sich über die Zusammenarbeit mit der «verständnisvollen Künstlerin».[63]

Über das Honorar wird bereits im Vorfeld verhandelt, wie aus dem Sitzungsprotokoll von 1927 hervorgeht: «Frl. Roth hat sich in zuvorkommender Weise anerboten, uns nur die direkten Ausgaben für Leinwand & Farbe berechnen zu wollen, was wir allerdings nicht in vollem Umfang annehmen dürfen.»[64] Über die genaue Höhe des Honorars werden sich der Verein und die Künstlerin erst nach der Saffa einig. «Frl. Moser gab mir den Auftrag, ein Fries zu malen. Ich machte freiwillig daraus 16 Bilder in Oel, was mehr Zeit bemühte und kostspieliger war als zum Beispiel Temperaskizzen auf Papier. Ich wollte mit den seriöseren Oelbildern den leicht karikaturhaften Anstrich der Plakatzeichnungen vermeiden, und dann hatte ich grosse Freude, einfach darauflos zu malen, ohne weiter über den Kostenpunkt nachzudenken», schreibt Helene Roth im Auftragsjahr.[65]

Die Gemälde zeigen Meilensteine und Alltagsszenen des Frauenvereins und vom «Kreuz» Herzogenbuchsee. Im Fokus stehen dabei nicht nur die 1925 verstorbene «Kreuz»-Pionierin Amélie Moser-Moser und ihre Tochter Amy Moser, sondern auch die Schülerinnen und Schüler der Haushaltungssschule, Besucherinnen und Besucher der alkoholfreien Gaststube sowie Vereinsmitglieder und Mitarbeitende vom «Kreuz». In der Tradition der Genremalerei verzichtet Helene Roth auf eine offensichtliche Inszenierung. Vieles scheint zufällig, als wärc die Künstlerin unverhofft auf eine Situation gestossen und hätte diese sogleich auf Leinwand gebannt. Die porträtierten Lehrerinnen und Schülerinnen scheinen nur flüchtig von ihren Näharbeiten oder Büchern aufzuschauen – um sich sogleich wieder ihrer Arbeit zuzuwenden.

Charakteristisch für Helene Roths Malerei sind die schwarzen Konturen, die an Gemälde Cuno Amiets erinnern, etwa an «Kniender Akt auf gelbem Grund» von 1913. Diese Konturen dienen aber nicht nur der Linienführung, sondern entwickeln hie und da ein Eigenleben. Linien lösen sich auf, gehen über in ein mit wildem Pinselstrich ausgeführtes abstraktes Gebilde, das eine Bewegung oder das Fallen eines Rocks darstellt. Ebenso temperamentvoll scheint die Farbe selbst aufgetragen: Dicke, teilweise gespachtelte Schichten Ölfarbe türmen sich aufeinander, bilden Kanten, die aus der Leinwand ragen. An Stellen, an denen Teile herausgebrochen sind, erkennt man bis zu vier übereinanderliegende Farbschichten. Pinsel- und Spachtelspuren scheinen mitten in der Bewegung erstarrt. Während die Farbe an einigen Stellen Risse aufweist, wirkt sie an anderen noch so frisch, dass man in den Hotelgängen glaubt, sie riechen zu können.

Nicht das gesamte Œuvre von Helene Roth überzeugt durch Eigenständigkeit und Virtuosität. Doch beim Saffa-Bilderzyklus schafft die Malerin eine eigene Handschrift, die sich weniger in der Technik als der Komposition bemerkbar macht. Immer wieder lenkt sie den Blick vom eigentlichen Sujet zum Randgeschehen – ohne dabei unentschlossen zu wirken. Ihr radikaler Blick in den Alltag des Frauenvereins ähnelt in seiner Präzision der Reportagefotografie. Und die typische Farbgebung, für die Helene Roth auf ein harmonisches Nebeneinander von dominierenden Pastell- und Grautönen sowie einzelnen Akzenten aus Primärfarben setzt, zieht sich verbindend durch den gesamten Zyklus.

Die Beteiligung an der Saffa 1928 rückt die teilnehmenden Künstlerinnen natürlich auch in den Fokus der Öffentlichkeit. Im Anschluss an die Ausstellung stellt die Alliance nationale des sociétés féminines suisse ASF[66] einen frischen Aufwind in der Schweizer Kunstszene fest. Und die ASF dokumentiert, dass die Eidgenossenschaft die GSMBK mit öffentlichen Geldern unterstütze, dass in die Kunst- und Kunstgewerbekommissionen neu auch Frauen gewählt würden und Künstlerinnen ebenfalls in nationalen Kunstjurys vertreten seien.[67] Helene Roth ist im Bericht der ASF namentlich erwähnt als eine Künstlerin, deren Bilder durch «Lebendigkeit, Temperament, Spontanität sowie Detailreichtum» bestechen.[68]

Für die Ausführung erhält Helene Roth kostenlose Verpflegung im «Kreuz» sowie einen Vorschuss für ihre Auslagen in der Höhe von 100 Schweizer Franken.[69] Nach Abschluss ihrer Arbeiten werden Helene Roth Materialkosten in der Höhe von 830,45 Franken vergütet und ein Künstlerinnenhonorar von 1000 Franken zugesprochen.[70] Trotz dieses Entscheids verhandelt die Künstlerin im November 1928 weiter, was mit den Bildern geschehen soll, und beweist damit ihr ökonomisches Geschick. Sie unterbreitet dem Frauenverein vier Vorschläge. Erstens: Der Frauenverein kann die Bilder unentgeltlich im «Kreuz» aufhängen, solange Amy Moser dem Verein vorsteht. Zweitens: Der Frauenverein kann auf einen Anspruch verzichten, und Helene Roth bietet den Bilderzyklus stattdessen einem Museum zum Kauf an. «Wenn das möglich, so wäre mir das besonders lieb.»[71] Drittens: Der Frauenverein kann Jahr um Jahr ein Bild von der

Künstlerin erwerben und dafür 100 Schweizer Franken für die kleinformatigeren und 150 Franken für die grossformatigeren Bilder bezahlen. Viertens: «Oder ich verkaufe alle 16 Bilder zusammen für frs. 1000.–.»[72] Gerne würde Helene Roth Eigentümerin der Bilder bleiben, wie sie weiterschreibt, denn: «Ich hatte so viel Freude, dieselben zu malen, ich war so glücklich im Kreuz, ich hänge an den Bildern.»[73] Im Dezember debattiert der Verein an einer Mitgliederversammlung erneut über die Zukunft der Gemälde und beschliesst schliesslich, neun Bilder für 1400 Franken zu erwerben, «7 Bilder bleiben im Besitz der Künstlerin».[74]

Über die Bedeutung des Bilderzyklus sind sich alle Beteiligten einig, wie die abschliessende Bemerkung im Jahresbericht des Frauenvereins zeigt: «Die 16 Bilder, die nun teilweise in den Besitz des ‹Kreuz› übergegangen sind, werden stets wertvolle historische Dokumente der Entwicklungsgeschichte des Frauenvereins bieten. (…) Die hingebende Arbeit, die Fräulein Roth dem Verein geleistet hat, wird ihr unvergessen bleiben.»[75]

Die Geschichte des Frauenvereins und vom «Kreuz» Herzogenbuchsee in 16 Bildern

1839 kommt Amélie Moser in Herzogenbuchsee als Tochter von Verena Amalia Moser und dem Unternehmer und Landwirt Samuel Friedrich Moser zur Welt. Zusammen mit zwölf Geschwistern wächst sie auf dem elterlichen Gut auf, auf dem sie eine fröhliche, aber arbeitsreiche Kindheit erlebt. «Harte Arbeit und ungesäumtes Zugreifen, wo es nötig ist»,[76] die Grundsätze des Vaters ziehen sich wie ein roter Faden durch ihre Lebensgeschichte. Nach ihrer erfolgreichen Schulzeit zieht Amélie Moser in die Romandie für ein «Welschjahr». Schon damals steht sie in Kontakt mit ihrem Cousin Albert Moser, der als erfolgreicher Kaufmann in Batavia, der heutigen indonesischen Hauptstadt Jakarta, arbeitet. Als Amélie Moser 29 Jahre alt ist, heiraten die beiden und ziehen nach Indien – wo die Tochter Amy Moser 1868 zur Welt kommt. Zurück in Batavia, erliegt Albert Moser einer Tropenkrankheit. Mutter und Kind ziehen in die Schweiz – erst zu den Schwiegereltern und schliesslich nach Herzogenbuchsee.[77]

«Da war die aufrechte Erscheinung der (...) Frau Amelie Moser, die ihr schwarzes Witwenkleid nie ablegte. Sie gemahnte an einen dunkeln Bergkristall von seltener Reinheit und Einmaligkeit, wie dieser aber auch irgendwie (...) unnahbar.»[78] Helene Roth erfasst den Charakter auf dem Porträt Amélie Moser-Mosers, das die Protagonistin beim Schreiben und Reflektieren zeigt. Für das Porträt des Saffa-Bilderzyklus, entstanden drei Jahre nach Amélie Moser-Mosers Tod, «konnte ich Frau Amelie Moser freilich leider nur nach einer Photographie malen, aber hinter sie setzte ich eine ihrer ersten Mithelferinnen, Frau Marie Schärer, eine Art Dorfengel von Wangenried», schreibt Helene Roth.[79] Im offenstehenden Fenster ist deutlich der rostrote Turm der Kirche Herzogenbuchsee zu erkennen, die nur wenige Gehminuten vom «Kreuz» entfernt steht.

«Am 12. August 1870 vereinigten sich in Herzogenbuchsee 17 Frauen zur Arbeit für die an die Grenze ziehenden Wehrmänner, die Soldaten & Flüchtlinge der kriegführenden Länder & das Rote Kreuz.»[80] 1870 ist das Jahr, in dem der Deutsch-Französische Krieg ausbricht. Zahlreiche Schweizer Soldaten werden im Rahmen einer Mobilmachung an die Grenze berufen. Hunderte von erschöpften Soldaten der französischen Bourbakiarmee finden in der Schweiz Asyl. Und es ist die Geburtsstunde des Frauenvereins Herzogenbuchsee, der 20 Jahre später das zerfallene «Kreuz» erwerben und 1891 unter dem Namen «Arbeiterheim zum Kreuz» wiedereröffnen wird.

Das Gemälde zeigt die Vereinspräsidentin Amélie Moser-Moser im Vordergrund und rund um den Tisch versammelt zwei weitere der insgesamt 17 Gründungsmitglieder: «Frau Dr. Krebs und Frau Rütimeyer».[81] Eine weitere Frau schaut mit einem Mädchen zum Fenster hinaus und beobachtet die Soldaten, die zur Grenze aufbrechen. An der Wand neben dem Fenster hängt das Kinderporträt, das Ferdinand Hodler von Amy Moser gemalt hat. Das Bild zeigt ein folgsames Mädchen beim Schreiben. Zum Zeitpunkt der Szene wäre die 1868 geborene Amy Moser allerdings erst zwei Jahre alt gewesen.

Der Krieg auf der anderen Seite der Grenze ist im vollen Gang. Dessen hässliches Gesicht zeigt sich auch im Dorf: «Am 11. August hatte sie [Amélie Moser-Moser] den Frauenverein Herzogenbuchsee gegründet, um Verbandzeug für die Verwundeten herzustellen, Charpies zu zupfen. Und dann kamen am 7. Februar 1871 als Ueberbleibsel der Bourbakiarmee 513 zerlumpte, halb verhungerte, kranke Franzosen ins Dorf. Nach dem Abzug der Franzosen behielt Frau Moser ihre Frauen fest zusammen: sie hatte erfahren, was vereinte Kräfte vermögen.»[82]

Hunderte von erschöpften Soldaten der französischen Bourbakiarmee finden in der Schweiz Asyl. Helene Roth hat jenen Moment dargestellt, in dem Amélie Moser-Moser «für die Dorfkinder und Flüchtlinge aus dem Elsass einen grossen Weihnachtsbaum in der Kirche Herzogenbuchsee zündet»[83].

Amélie Moser-Moser weitet ihre solidarische Arbeit auf immer neue Gebiete aus. «Die Erkenntnis, dass die Armenpflege die wichtige Aufgabe hat, nicht nur Almosen zu geben, sondern zu verhüten, dass die Verarmung eintritt, liess uns neue Wege suchen, um unsere Arbeit zur vorbeugenden zu gestalten. Unsere Hilfe musste immer mehr Hilfe zur Selbsthilfe werden & dazu beitragen dem Geist der Selbstachtung in den Armen zu schonen & zu heben, schrieb Mutter in jenen Tagen. Sie erkannte im Besonderen auch die Unwürdigkeit des Bettelns. Diese Erkenntnis führte im Jahre 1880 zu der Einführung der Naturalverpflegung armer Handwerksburschen», schreibt Amy Moser 1943 rückblickend über diesen Meilenstein der Armenhilfe.[84]

Auf dem Gemälde ist entsprechend ein Bettler dargestellt, der zwar keine Almosen erhält, aber auf die Naturalverpflegung im Dorf hingewiesen wird. Das Bild ist kaum perspektivisch, so dass der ausgestreckte Finger der Frau direkt auf das Schild «Naturalverpflegung» zeigen kann. Für die Frauenfigur stand eine Mathematikerin aus Salzburg Modell, wie Helene Roth festhält: «Frl. Dr. Birnbacher zog die Bernertracht an und zeigte einem Vaganten den Weg.»[85]

Zeitlebens will Amélie Moser-Moser die Armut nicht nur bekämpfen, sondern das Übel an der Wurzel packen. Weitsichtig erkennt sie schon Ende des 19. Jahrhunderts die Herausforderungen, denen sich allen voran Arbeiterfamilien und arbeitstätige Frauen stellen müssen. «Wir suchten durch Gaben aller Art wohl zu tun, wo wir die Not vorfanden, schreibt meine Mutter 1878 bei der Gründung der Suppenküche & 1882 bei der Einführung der Schülerspeisung, die der Frauenverein Herzogenbuchsee 25 Jahre betreute, bis sie von der Schulbehörde übernommen wurde», hält Amy Moser fest.[86] Bis heute tragen vielerorts lokale «Mittagstische» beziehungsweise Tagesschulen dazu bei, dass die Versorgung der Kinder gewährleistet ist, während die Erziehungsberechtigten am Arbeiten sind.

1889 führt der Frauenverein unentgeltliche Flickkurse für Arbeiterfrauen ein. Alle werden privat finanziert. Amélie Moser-Moser äussert wiederkehrend den Wunsch, all diese «Errungenschaften zu einem Ganzen zu vereinigen, nach verschiedenen Richtungen hin noch auszubauen» – und dafür bedürfe der Frauenverein eines eigenen Gebäudes.[87]

1890 übernimmt der Frauenverein das heruntergekommene «Kreuz». Das Gasthaus mit der hochbarocken Fassade aus Solothurner Kalkstein wurde 1787 im Auftrag des Wirtepaars Johann Jakob Scheidegger und Anna Friedli erbaut. Es liegt an der Hauptstrasse und hat, wie viele andere Landgasthöfe auch, durch den Bau der Eisenbahnstrecke Bern–Zürich an Bedeutung verloren. Amélie Moser-Moser und der Frauenverein Herzogenbuchsee ersteigern das Gebäude 1890, finanziert wird der Kauf privat, unter anderem von Amélie Moser-Moser persönlich. 1891 wird das «Arbeiterheim zum Kreuz» wiedereröffnet. Nicht alle goutieren das neue Gemeindehaus, Moser-Moser ist in der Bevölkerung auch mit «Vorurteilen und Verständnislosigkeit»[88] konfrontiert. Doch «unermüdlich ging Frau Moser der Verwirklichung ihrer praktischen Ideen nach, gründete die Suppenküche, das Patronat für verwahrloste Kinder, die freiwillige Armenpflege, Schülerspeisung, Wöchnerinnen- und Säuglingsfürsorge, Berufsberatung, Flickkurse – und dann kamen all diese Bestrebungen unter Dach, unter das grosse Dach des einstigen Gasthauses Kreuz», schreibt Helene Roth über die zahlreichen Funktionen des Hauses.[89]

Auf dem Gemälde stellt Helene Roth die verschiedenen Tätigkeitsfelder dar. Amélie Moser-Moser steht unter der Tür und beobachtet das emsige Treiben.

«Als Hauptursache der Verarmung erkannte Mutter im Laufe der 20-jährigen Tätigkeit des Vereins immer mehr den Zerfall unseres Volkes durch die traurigen Trinksitten einerseits & die Untätigkeit der Frau andererseits. Aus diesem Grunde schliesst das Gemeindehaus eine Haushaltungsschule in sich», so erklärt Amy Moser die Einführung der Haushaltungsschule im «Arbeiterheim zum Kreuz» Ende des 20. Jahrhunderts.[90] Nach Auffassung ihrer Mutter Amélie Moser-Moser «ist die Frage des übermässig genossenen Alkohols nicht an der Wurzel angepackt», solange Frauen und Mütter zu wenig über Ernährungsfragen wüssten.[91]

Weiterhin finanziert der Verein einen Grossteil des Angebots privat. Ab 1907 beteiligen sich der Staat und der Kanton, ab 1917 auch die Gemeinde mit regelmässigen Beiträgen.[92]

Der Kampf gegen den Alkoholkonsum wird auch im Restaurant weitergeführt. So steht von Beginn an fest, im «Kreuz» das erste alkoholfreie Gasthaus der Schweiz einzurichten. Amélie Moser-Moser «sah den Fluch, in den der ‹Herdöpfler› den Segen der Kartoffel verwandelte, oft an Knechte und Taglöhner als Lohn verabfolgt».[93] 1890 ist es so weit: Das Konzept erweist sich trotz Gegenstimmen als Erfolgsmodell. Nachdem die Haushaltungsschule 1957 geschlossen wird, stellt der Hotel- und Gastwirtschaftsbetrieb sogar die einzige Einnahmequelle dar. Danach folgen wirtschaftlich schwierige Zeiten, bis 1976 die Leitung des Restaurantbetriebs schliesslich an ein Wirtepaar aus Röthenbach, Greti und Rolf Lehmann-Ingold, übergeben wird.

Eine weitere Massnahme, um junge Männer vom übermassigen Alkoholkonsum unter Gruppenzwang abzuhalten, sind sinnvolle Freizeitbeschäftigungen, die im «Kreuz» angeboten werden: «Hier durften junge Männer ohne Trinkzwang ihre Freizeit im Lese- und Billardzimmer verbringen», erinnert sich Helene Roth.[94]

Schon bald nach ihrer Rückkehr aus Indonesien engagiert sich Amélie Moser-Moser neben der Armen- auch in der Krankenpflege. «Heimgekehrt von der Leitung eines deutschen Lazaretts, bekam Dr. med. Walter Krebs von Herzogenbuchsee in der ihm und seiner Frau freundschaftlich verbundenen, entfernt verwandten Amelie Moser-Moser bald eine unentbehrliche Hilfe. Oft begleitete sie ihn auf seinen Gängen nach entfernten Höfen, wenn es galt, schwierige Eingriffe vorzunehmen. Manchmal mögen der energischen, von Haus aus an strengste Ordnung und Reinlichkeit gewöhnten Frau die Haare zu Berge gestanden sein beim Anblick des Elends in vielen Häusern.»[95] Als Autodidaktin assistiert Amélie Moser-Moser bei Operationen und pflegt Pockenkranke. 1905 eröffnet sie zusammen mit Walter Krebs das neue Bezirksspital auf dem Häusliberg.[96]

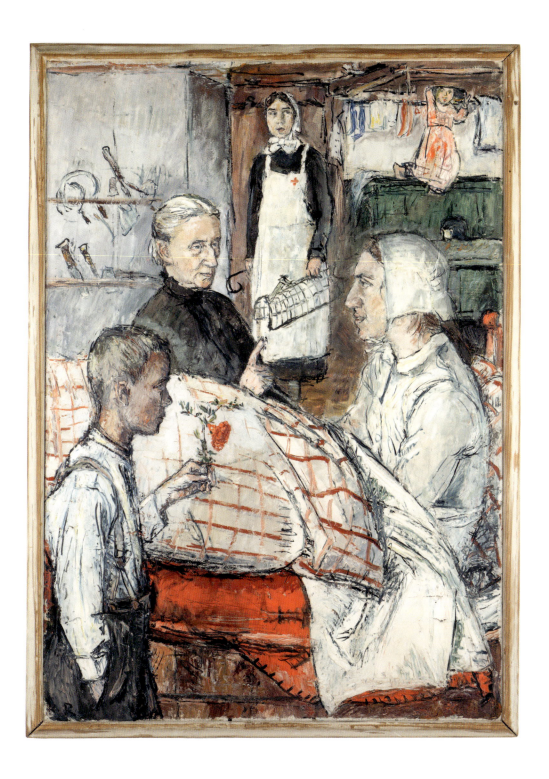

1914 lässt der Frauenverein die Scheune des Gebäudes abreissen und errichtet an dieser Stelle einen neuen Trakt, in den nach Vollendung die vergrösserte Haushaltungsschule zieht.[97] Die Mädchen besuchen einen Halbjahreskurs, leben während dieser Zeit im hauseigenen Internat und können Erlerntes unter Aufsicht im Gastwirtschaftsbetrieb sogleich anwenden. Angeboten werden Lektionen in «Weissnähen, Kleidermachen, Flicken, Sticken, Kurse für gutbürgerliche Küche, für feine Küche, Was koche ich am Waschtag? Ernährung nach Dr. Bircher, Spielwaren aus wertlosem Material, schwedisch Turnen, Buchführung, Säuglingspflege, Versuche mit sorgfältiger Kompostbereitung im eigenen Schulgarten oder Vermeidung von Kunstdünger».[98] Vieles davon wirkt heute erstaunlich aktuell.

Einmal mehr zeigt sich die Weitsicht Amélie Moser-Mosers: Anfang der Fünfzigerjahre erkennt die Volksschule den Nutzen und führt den obligatorischen hauswirtschaftlichen Unterricht ein. Dies führt dazu, dass die Lektioneninhalte im «Kreuz» dem offiziellen Lehrplan angeglichen werden müssen. Durch das Nebeneinander von privatem und staatlichem Haushaltungsunterricht nimmt das Interesse an den «Kreuz»-Kursen sukzessive ab, und bald können diese nicht mehr kostendeckend durchgeführt werden. Darum wird die Haushaltungsschule 1957 endgültig geschlossen.[99]

«Dieses Bild», schreibt Amy Moser, «weist uns auf ein anderes Gebiet der vorbeugenden Arbeit, auf die Bekämpfung ererbter Armut durch Bezahlung von Lehrgeldern.»[100] Auch dies ist heute längst eine Selbstverständlichkeit.

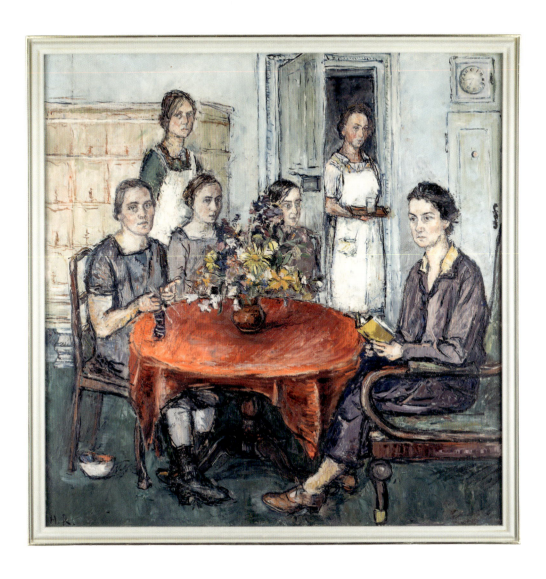

Seit 1898 werden im «Kreuz» Waisen und verwahrloste Kinder betreut,[101] getreu Pestalozzis Grundsatz, dass «dem Elend des Volkes nur durch eine bessere Erziehung geholfen werden kann»[102]. Rund vier Jahrzehnte später zieht das Kinderheim um: «Nachdem im vorderen Stöckli öffentliche Bäder eingerichtet wurden, bot das 2. Stöckli von Anfang an alten Mütterlein einen friedlichen Lebensabend. Dasselbe wurde nach dem Tod der Insassen [1932[103]] in ein Kinderheim mit Familiencharakter umgewandelt», schreibt Amy Moser über das Gebäude auf dem «Kreuz»-Areal, das auf diesem Gemälde als Kinderheim dargestellt ist.[104]

Amy Moser führt mittlerweile, nach dem Tod von Amélie Moser-Moser im Jahr 1925, die Arbeit ihrer Mutter fort. Auch unter ihrer Ägide passt sich das «Kreuz» stets den Bedürfnissen an. Im Jahr 1937, «nachdem etwa 30 Kinder dort erzogen worden sind, beschloss der Verein die vorübergehende Schliessung. Damit war die Möglichkeit geschaffen, eine Jugendherberge einzurichten & das Parterre der Pfadfinderabteilung, die Mutter 1913 gegründet hatte, zur Verfügung zu stellen.»[105]

Immer schon ist das «Kreuz» auch eine profilierte Adresse für die Künste. Das Bild «zeigt Ihnen eine musikalische Feierstunde. In den erweiterten Räumen des Neubaus, konnte sich nun die Volksbildungsarbeit durch Vorträge & musikalische Darbietungen in vermehrtem Masse entwickeln. Die Anfänge dieser sogenannten ‹Obesitze› gehen schon in die Jugendmädchenjahre meiner Mutter zurück.»[106] Einer dieser von Amy Moser beschriebenen «Obesitze», an denen auch die Schülerinnen rege teilnehmen, ist auf diesem Gemälde dargestellt. Gespielt wird ein Stück für Kammerorchester von Johann Sebastian Bach. «Eines Tages kam Pfarrer Max Gerber vom ‹Aufbau› in Langenthal und fand, er gehöre auch in diese Gesellschaft der Modelle. Ich hatte keinen andern Platz mehr frei als den des Cellisten im ‹Hauskonzert›. So setzte er sich denn hin und führte erstmals im Leben den Bogen.»[107] Am Klavier sitzt Amy Moser,[108] die über grosses musisches Talent verfügt und das Musikprogramm prägt. «Ihr Dorf verdankt ihr seinen musikalischen Ruf und das hohe Niveau seines Konzertlebens», schreibt Helene Roth.[109] Bis heute sind Kulturveranstaltungen zentraler Bestandteil vom «Kreuz», und die Tradition wird seit 2016 vom Verein KreuzKellerBühne weitergeführt – mit einem Programm aus Lesungen, Kleinkunst und Konzerten.[110]

Obwohl Amy Moser die grösste Figur der Komposition ist, fällt der Blick immer wieder auf Amélie Moser-Moser, die Gründerin der Veranstaltungsreihe. Als einzige Person sitzt sie frontal in ihrem Sessel und schaut den Betrachterinnen und Betrachtern direkt in die Augen. Das Nebeneinander der Zeitebenen – die alte Amy Moser und ihre verstorbene Mutter – zieht sich durch den ganzen Bilderzyklus und zeigt sich hier exemplarisch.

Ansicht aus dem renovierten «Kreuz». Der Bilderzyklus von Helene Roth ist in den Hotelräumen öffentlich zugänglich und zeigt die Geschichte des Orts und der Frauen, die ihn prägten.

Zurück ins «Kreuz»

Die Ära nach Amy Moser und dem Frauenverein ist von zahlreichen Auf und Abs geprägt. Nach Jahren, in denen das «Kreuz» immer wieder entweder kurz vor der Übernahme oder kurz vor der Schliessung steht, wird es im Jahr 2004 der Gemeinde Herzogenbuchsee verkauft. Wichtige und kostenintensive Renovationen wären nötig, die allerdings niemand tragen will. 2015 wendet sich alles zum Guten: Das Projektteam Kreuz nimmt die Arbeit auf. Engagierte Freiwillige, viele selbst in Herzogenbuchsee zuhause, erarbeiten ein neues Geschäftskonzept, gründen die Kreuz Herzogenbuchsee Holding AG, erwerben das Gebäude von der Gemeinde und lassen es umfassend sanieren.[111] Das Konzept sieht unter anderem vor, der Grundhaltung Amélie Moser-Mosers treu zu bleiben. So befinden sich heute im «Kreuz» ein Restaurant, ein Hotel, eine Kulturbühne, eine Musikschule, zwei Kindergärten sowie eine Mütter- und Väterberatung.

Wer durch die historischen Gänge und vorbei an den ehemaligen Kammern von Amélie Moser-Moser, Amy Moser oder der berühmten Reisejournalistin und «Kreuz»-Lehrerin Lina Bögli schlendert, in denen nun Hotelzimmer mit den entsprechenden Beschriftungen eingerichtet sind, kann sich eine Vorstellung von der Atmosphäre ab 1890 machen. Und auch Helene Roth ist in dieser Umgebung wieder präsent: Auf Initiative von Hanspeter Jakob, Mitglied des Projektteams Kreuz, wurden zwölf Gemälde aus dem Saffa-Zyklus im Jahr 2017 restauriert und vom Dorfarchiv Herzogenbuchsee zurück ins «Kreuz» gebracht.

Vier Gemälde müssen derweil noch länger im Depot ausharren. Im Sommer 2021 entspricht der Gemeinderat Herzogenbuchsee schliesslich Hanspeter Jakobs erneutem Gesuch auf Rückführung der Gemälde ins Kreuz. Im Herbst desselben Jahres zügeln auch die Darstellungen des Hauskonzerts, des Kinderheims, des «Kreuz»-Eingangs und der Naturalverpflegung an den Ort ihrer Entstehung.

Hier trifft die Geschichte des Hauses auf die Gegenwart: In den renovierten Hotelkorridoren, im Gasthaus und in öffentlich zugänglichen Räumen lassen sich die historisch so bedeutsamen «Kreuz»-Jahre nun wieder vollständig Revue passieren.

Lebensdaten

12. August 1887	Helene Roth wird in Wangen an der Aare geboren
	Grundschulbesuch in Wangen
1903/04	Besuch der Oberklasse der Neuen Mädchenschule Bern
ab 1903	Malunterricht beim Aargauer Künstler Ernst Link
1904/05	Besuch der Ecole supérieure in Morges
1905 bis 1907	Malunterricht bei Cuno Amiet
1907	Aufenthalt in England
1908 bis 1909	Weiterbildung in Paris an der Académie Ranson und der Académie de la Grande Cahumière
1909	Abschluss als Bezirkszeichenlehrerin in Aarau
ab 1909	Ausstellungstätigkeit
ab 1910	(Kunst-)Reisen nach Italien (Bergamo, Florenz, Pisa) und München, wo sie unter anderem Kunstkurse bei Heinrich Knirr und Wilhelm von Debschitz belegt
1912 bis 1914	Malunterricht bei Cuno Amiet
1914	Rückkehr nach Wangen an der Aare
1918	Eidgenössisches Kunststipendium
1928	Bilderzyklus im «Kreuz» Herzogenbuchsee für die Saffa
1936	Eidgenössisches Kunststipendium
ab 1937	eigenes Atelier in Wangen
1952	Ehrenmitglied der Gesellschaft Schweizer Malerinnen, Bildhauerinnen und Kunstgewerblerinnen GSMBK
31. Dezember 1966	Helene Roth stirbt in Niederbipp
1968	posthume Publikation von «Die Chronik der Familie Roth. Gehörtes und Erlebtes von Helene Roth» und «Vom Grossen St. Bernhard. Diesseits und jenseits des ältesten Alpenüberganges» durch die Erben

Die Autorin und Dank

Stefanie Christ (*1981) studierte in Bern Kunstgeschichte und Medienwissenschaft. Von 2007 bis 2018 war sie als Kunstredaktorin bei der «Berner Zeitung» tätig, wo sie zuletzt das Kulturressort leitete. Heute führt sie mit Maria Künzli die Kreativagentur Atelier CK und arbeitet als Kommunikationsverantwortliche im Naturhistorischen Museum Bern. Seit 2004 veröffentlicht sie regelmässig Belletristik, Sachtexte und Kolumnen, auch im Bereich Kunstgeschichte: 2017 publizierte sie als Co-Autorin «Der Gurlitt-Komplex. Bern und die Raubkunst». Alle Informationen zu ihren Büchern finden sich auf www.stefanie-christ.ch.

Die Autorin dankt für die Unterstützung:

Familie Roth
Tobias Bucher
Peter Burki, Museumsverein Wangen an der Aare
Ladina Fessler, Gosteli-Stiftung Worblaufen
Margit Gigerl, Schweizerisches Literaturarchiv
Monika Kauz und Monika Lang, Frauenverein Herzogenbuchsee
Manuel Kehrli, Gesellschaft zu Mittellöwen Bern
«Kreuz»-Team Herzogenbuchsee
Stefania Mazzamuto, Kunstmuseum Bern
Franziska Rogger, freischaffende Historikerin
Emanuel Tardent, Archiv Gemeinde Herzogenbuchsee
Daniel Thalmann, Fondation Cuno Amiet
Susann Trachsel und Team, Stämpfli Verlag

Katrin Schneeberger, Historikerin und Mitarbeiterin des Staatsarchivs Bern. Sie hat verdankenswerterweise die in Sütterlinschrift verfassten historischen Briefe transkribiert.

Der grösste Dank gilt Hanspeter Jakob vom Projektteam Kreuz, der die Bedeutung des Saffa-Bilderzyklus von Helene Roth erkannt und die Bilder zurück ins «Kreuz» geholt hat – und der mit seinem umfangreichen Wissen die Entstehung dieser Publikation begleitet hat.

Anhang

Quellen

Baumann, Daniel: Helene Roth (1887–1966). Sa vie – son œuvre, Lizenziatsarbeit, Faculté des Lettres, Université de Genève, 1996.

Baumann, Daniel: Helene Roth (1887–1966). In: Berner Kunstmitteilungen, Nr. 323, 2000.

Berner Kunstmuseum (Hrsg.): Cuno Amiet. 12. Mai bis 22. Juli 1928, Ausstellungskatalog, Berner Kunstmuseum, 1928.

Bieder, Patricia: Oschwand als Begegnungsort. In: Christoph Vögele (Hrsg.): Freundschaft und Verwurzelung. Cuno Amiet zwischen Solothurn und der Oschwand, Katalog zur Ausstellung im Kunstmuseum Solothurn, Scheidegger & Spiess, 2018.

Bürkli, Anna: Solothurn. In: Christoph Vögele (Hrsg.): Freundschaft und Verwurzelung. Cuno Amiet zwischen Solothurn und der Oschwand, Katalog zur Ausstellung im Kunstmuseum Solothurn, Scheidegger & Spiess, 2018.

Christ, Stefanie: KreuzKellerBühne, Herzogenbuchsee. In: Gebäudeversicherung Bern (Hrsg.): Raum für Kunst und Kultur, Stämpfli Verlag, 2020 (1).

Christ, Stefanie: Zeitzeugin in Pastell. In: Lebenslust Emmental, Septemberausgabe, 2020 (2).

Flatt, Karl: Nachwort. In: Roth, Helene: Vom Grossen St. Bernhard. Diesseits und jenseits des ältesten Alpenüberganges, Privatdruck, 1968.

FrauenZeitung Berna: Hauptversammlung des Bernischen Frauenbundes in Herzogenbuchsee und Feier für Amélie Moser-Moser, 24. Mai 1935.

Galerie Fischer Auktionen (Hrsg.): Moderne & zeitgenössische Kunst, Katalog zur Auktion vom 11. Juni 2009, Galerie Fischer Auktionen Luzern, 2009.

Galli, Dona; Röthlisberger, Elsbeth: 100 Jahre SGBK Sektion Bern – eine Chronik, Schweizerische Gesellschaft Bildender Künstlerinnen, 2009.

Herber, Anne-Kathrin: Frauen an deutschen Kunstakademien im 20. Jahrhundert. Ausbildungsmöglichkeiten für Künstlerinnen ab 1919 unter besonderer Berücksichtigung der süddeutschen Kunstakademien, Dissertation, Philosophische Fakultät der Universität Heidelberg, 2009.

Jegher-Pfenninger, Ruth: Aufzeichnungen. In: Erinnerungen an Helene Roth, Festschrift, ohne Angaben, Privatdruck, Archiv der Gosteli-Stiftung, Dokument-Nr. Bro 7276.

Masson-Ruffy, Margot: Aufzeichnungen. In: Erinnerungen an Helene Roth, Festschrift, ohne Angaben, Privatdruck, Archiv der Gosteli-Stiftung, Dokument-Nr. Bro 7276.

Müller, Franz; Radlach, Viola: Cuno Amiet. Die Gemälde 1883–1919, Schweizerisches Institut für Kunstwissenschaft (Hrsg.), Scheidegger & Spiess, 2014.

Plüss, Dominique; Wick, Bernard: Was alles möglich ist! In: Denkmalpflegepreis, Denkmalpflege des Kantons Bern, 2018.

Rogger, Franziska: Gebt den Schweizerinnen ihre Geschichte! Marthe Gosteli, ihr Archiv und der übersehene Kampf ums Frauenstimmrecht, Verlag Neue Zürcher Zeitung, 2015.

Roth, Helene: Brief an Amy Moser, Faksimile, Privatbesitz Hanspeter Jakob, 2. November 1928.

Roth, Helene: Begegnungen in Herzogenbuchsee. In: Jahrbuch des Oberaargaus, Band 5, 1962 (1).

Roth, Helene: Zwei originale Gestalten aus Wangen. In: Jurablätter. Monatsschrift für Heimat- und Volkskunde, Habegger Derendingen, 24. Jahrgang, 1962 (2).

Roth, Helene: Die Chronik der Familie Roth. Gehörtes und Erlebtes von Helene Roth, Stämpfli & Cie AG, 1968 (1).

Roth, Helene: Vom Grossen St. Bernhard. Diesseits und jenseits des ältesten Alpenüberganges, Privatdruck, 1968 (2).

Roth, Helene: Die Familie Walther im Pfarrhaus Wangen an der Aare. Aus der Chronik der Familie Roth von Helene Roth, Kunstmalerin, Wangen a/A. In: Neujahrsblatt, Museumsverein Wangen an der Aare, 2001.

Roth-Von Fellenberg, Walter: Aufzeichnungen. In: Erinnerungen an Helene Roth, Festschrift, ohne Angaben, Privatdruck, Archiv der Gosteli-Stiftung, Dokument-Nr. Bro 7276.

Rotzler Köhli, Prisca: Das Erbe einer aussergewöhnlichen Frau, Langenthaler Tagblatt, 19. Juli 2016.

Schafroth, Anna: Werner Neuhaus 1897–1934. Ein Schüler Cuno Amiets. In: Jahrbuch des Oberaargaus, Band 44, 2001.

Schweizerische Gesellschaft Bildender Künstlerinnen SGBK (Hrsg.): Chronik 100 Jahre SGBK – Vergangenheit und Gegenwart, SGBK, 2002.

Sotzek, Corinne Linda: Die Spätimpressionistin Martha Stettler im Spannungsfeld zwischen Malerei und Akademieleitung (1870–1945), Abhandlung zur Erlangung der Doktorwürde der Philosophischen Fakultät der Universität Zürich, 2017.

Sturzenegger, Hans Peter: 100 Jahre «Kreuz» Herzogenbuchsee. Eine Pionierleistung der Buchsi-Frauen, Jubiläumsschrift, Privatdruck, 1991.

Traber, Barbara: Bernerinnen. Vierzig bedeutende Berner Frauen aus sieben Jahrhunderten, Verlag K. J. Wyss, 1980.

Vögele, Christoph: A la recherche du paradis terrestre. In: Vögele, Christoph (Hrsg.): Freundschaft und Verwurzelung. Cuno Amiet zwischen Solothurn und der Oschwand, Katalog zur Ausstellung im Kunstmuseum Solothurn, Scheidegger & Spiess, 2018.

Vuilliomenet, Jeanne: La vie féminine artistique en Suisse. In: Le mouvement féministe: organe officiel des publications de l'Alliance nationale des sociétés féminines suisses, Band 17, 1929.

Zentralblatt des Schweizerischen gemeinnützigen Frauenvereins: † Frau Amelie Moser-Moser, Herzogenbuchsee, No. 4, 20 April 1925.

Zimmermann, Marie-Louise: Drei Berner Pionierinnen aus der Ausstellung «Retrospektive» im Schloss Spiez, Berner Zeitung, 21. Juli 1984.

Archive

Frauenverein Herzogenbuchsee

1.111/1.211: Protokoll Hauptversammlung Frauenverein Herzogenbuchsee, 15. März 1927.
1.111/1.211: Protokoll Mitgliederversammlung Frauenverein Herzogenbuchsee, 10. Oktober 1928.
1.111/1.211: Protokoll Mitgliederversammlung Frauenverein Herzogenbuchsee, 3. Dezember 1928.
1.401: Jahresbericht des Frauenvereins Herzogenbuchsee 1927 und 1928.

Gemeinde Herzogenbuchsee

AEGH 1211-6: Moser, Amy: Rede im Lyzeumklub Bern vom 10. März 1943: Einführender Vortrag zum Verständnis der Bilder, gemalt für die Saffa von Frl. Helene Roth, 6 Seiten.

Gosteli-Stiftung Worblaufen

Bro 7276: Erinnerungen an Helene Roth, Festschrift, ohne Angaben, Privatdruck.

Historisches Lexikon der Schweiz HLS

hls-dhs-dss.ch, Eintrag Jakob Adolf Roth.

Museumsverein Wangen an der Aare

Selbstbildnis Helene Roth, Abbildung S. 11.

Schweizerisches Literaturarchiv SLA

Ms-B-Kq-81/1-3, Ms-B-Kq-81/1-3.1: Briefverkehr Helene Roth mit Carl Albert Loosli, 1908.

SLA-AMI-B: Briefverkehr Helene Roth mit Cuno Amiet, 1907–1914.

SLA-BTF-B-2-ROTH: Briefverkehr Helene Roth mit Franziska Baumgarten-Tramer, 1936–1958.

SIKART Lexikon zur Kunst in der Schweiz

www.sikart.ch, Eintrag Ida Helene Roth.

Staatsarchiv Bern

V Zofingia 186: Protokolle des Vorstandes des Zofingervereins, 5. Juni 1939.

Anmerkungen

1. Baumann 1996, S. 3
2. Ebenda
3. Berner Kunstmuseum 1928, S. 46
4. www.sikart.ch, Eintrag Ida Helene Roth
5. Galerie Fischer Auktionen 2009, S. 321
6. Roth 1962 (2), S. 51
7. Rotzler Köhli 2016
8. Jegher-Pfenninger o.A., S. 17
9. Ebenda, S. 18
10. Roth 2001, S. 16
11. Historisches Lexikon der Schweiz, hls-dhs-dss.ch, Eintrag Jakob Adolf Roth
12. Roth 2001, S. 17
13. Masson-Ruffy o.A., S. 12
14. Roth-von Fellenberg o.A., S. 7
15. Masson-Ruffy o.A., S. 15
16. Baumann 1996, S. 3
17. Zimmermann 1984
18. Masson-Ruffy o.A., S. 13
19. Roth 1968 (1), S. 13
20. Roth 1968 (2), S. 32
21. Baumann 1996, S. 13
22. Masson-Ruffy o.A., S. 15
23. Bürkli 2018, S. 53
24. Bieder 2018, S. 110
25. Baumann 1996, S. 15
26. Bieder 2018, S. 110 f.
27. Roth 1962 (1), S. 145
28. Vögele 2018, S. 40
29. Roth 1962 (1), S. 142
30. Sotzek 2017, S. 91 f.
31. Schweizerische Gesellschaft Bildender Künstlerinnen SGBK 2002

32 Heute Visarte
33 Heute Schweizerische Gesellschaft Bildender Künstlerinnen SGBK
34 Vuilliomenet 1929, S. 6
35 Roth 1968 (1), S. 33
36 Sotzek 2017, S. 379
37 Schweizerisches Literaturarchiv, SLA-AMI-B 1908
38 Ebenda
39 Ebenda
40 Ebenda
41 Ebenda
42 Baumann 1996, S. 22
43 Schweizerisches Literaturarchiv, SLA-AMI-B 1910
44 Ebenda
45 Schweizerisches Literaturarchiv, SLA-AMI-B 1908
46 Baumann 1996, S. 66 ff.
47 Schweizerische Gesellschaft Bildender Künstlerinnen SGBK 2002
48 Schweizerisches Literaturarchiv, SLA-AMI-B 1908
49 Schweizerisches Literaturarchiv, SLA-AMI-B 1910
50 Staatsarchiv Bern, V Zofingia 186, S. 181
51 Roth 1968 (2), S. 23 ff.
52 Schweizerisches Literaturarchiv, SLA-BTF-B-2-ROTH 1958
53 Roth 1968 (1), S. 34
54 Ebenda, S. 14
55 Schweizerisches Literaturarchiv, SLA-BTF-B-2-ROTH 1958
56 Roth 1968 (1), S. 3
57 Masson-Ruffy o.A., S. 12
58 Flatt 1968, S. 147
59 Rogger 2015, S. 14
60 Galli/Röthlisberger 2009, S. 1 ff.
61 Frauenverein Herzogenbuchsee, 1.111/1.211, 15. März 1927
62 Roth 1962 (1), S. 133
63 Frauenverein Herzogenbuchsee, 1.401, 1927/28
64 Frauenverein Herzogenbuchsee, 1.111/1.211, 15. März 1927
65 Roth 1928

66 Heute Alliance F
67 Vuilliomenet 1929, S. 8
68 Ebenda
69 Roth 1928
70 Frauenverein Herzogenbuchsee, 1.III/1.211, 10. Oktober 1928
71 Roth 1928
72 Ebenda
73 Ebenda
74 Frauenverein Herzogenbuchsee, 1.III/1.211, 3. Dezember 1928
75 Frauenverein Herzogenbuchsee, 1.401, 1927/28
76 Zentralblatt des Schweizerischen gemeinnützigen Frauenvereins 1925, S. 70
77 Traber 1980, S. 63 f.
78 Roth 1962 (1), S. 125
79 Ebenda, S. 133
80 Gemeinde Herzogenbuchsee, AE6H 1211-6, 1943, S. 3
81 FrauenZeitung Berna 1935, S. 5
82 Roth 1962 (1), S. 130 f.
83 Ebenda
84 Gemeinde Herzogenbuchsee, AE6H 1211-6, 1943, S. 5
85 Roth 1962 (1), S. 134
86 Gemeinde Herzogenbuchsee, AE6H 1211-6, 1943, S. 5
87 Ebenda
88 Zentralblatt des Schweizerischen gemeinnützigen Frauenvereins 1925, S. 72
89 Roth 1962 (1), S. 132
90 Gemeinde Herzogenbuchsee, AE6H 1211-6, 1943, S. 6
91 Ebenda
92 Sturzenegger 1991, S. 172
93 Roth 1962 (1), S. 131
94 Ebenda, S. 132 f.
95 Ebenda, S. 131
96 Zentralblatt des Schweizerischen gemeinnützigen Frauenvereins 1925, S. 73
97 Plüss/Wick 2018, S. 13
98 Sturzenegger 1991, S. 174

99 Ebenda
100 Gemeinde Herzogenbuchsee, AE6H 1211-6, 1943, S. 5
101 Zentralblatt des Schweizerischen gemeinnützigen Frauenvereins 1925, S 70
102 Ebenda
103 Sturzenegger 1991, S. 172
104 Gemeinde Herzogenbuchsee, AE6H 1211-6, 1943, S. 6
105 Ebenda
106 Ebenda
107 Roth 1962 (1), S. 134
108 Ebenda
109 Ebenda, S. 140
110 Christ 2020 (1), S. 35
111 Für die Sanierung wurde das Projektteam 2018 mit dem Spezialpreis der Denkmalpflege des Kantons Bern ausgezeichnet.

Dank

Folgenden Institutionen danken wir herzlich für die finanzielle Unterstützung:

Burgergemeinde Bern
Ernst Göhner Stiftung
Gemeinde Herzogenbuchsee
Gesellschaft zu Mittellöwen
Gesellschaft zu Schuhmachern
GVB Kulturstiftung
Minerva Kunststiftung
Stiftung Anne-Marie Schindler
SWISSLOS/Kultur Kanton Bern
Ursula Wirz Stiftung

Der Stämpfli Verlag wird vom Bundesamt für Kultur für die Jahre 2021–2024 unterstützt.

Impressum

Bibliografische Information der Deutschen Nationalbibliothek: www.dnb.de

© Stämpfli Verlag AG, Bern, www.staempfliverlag.com · 2022

Fotos: Simon von Gunten, Solothurn, www.simonvongunten.com
Lektorat: Benita Schnidrig, Stämpfli Verlag AG
Gestaltung: Stephan Cuber, diaphan gestaltung, Bern, www.diaphan.ch
Umschlagbild: Helene Roth, Selbstbildnis, 1914

ISBN 978-3-7272-6092-6